Paul Chmelik

Schätze aus Deutschlands Ställen

Schönheit und Adel des Arabischen Pferdes
mit über 50 Bildern edler Arabischer Pferde

ERICH HOFFMANN VERLAG HEIDENHEIM

Lichtbildner:

Seite 7: Carl-Heinz Dömken
Seite 14: Walter Olms
Seite 20: Carl-Heinz Dömken
Seite 21: H. Sting
Seite 22: Heinz-Rüdiger Merz
Seite 26: Heinz-Rüdiger Merz
Seite 33: Carl-Heinz Dömken
Seite 39: Carl-Heinz Dömken
Seite 42: Dr. O. Saenger
Seite 43: Gertraude Griesbach
Seite 44: Carl-Heinz Dömken
Seite 45: Heinz-Rüdiger Merz
Seite 49: Heinz-Rüdiger Merz

alle übrigen Bilder vom Verfasser

Einbandentwurf: Herbert Schult
Gesamtherstellung: E. Mühlthaler's Buch- und Kunstdruckerei, München
Printed in Germany 1975
ISBN 3.87343.391.5

Ein Wort zuvor

Ein arabischer Dichter aus dem 5. Jahrhundert nach Christus schreibt in einem seiner Werke:

. . . . wenn ich kein Pferd hätte,
würde es mir so ergehen,
als gehörten mir die Schätze Karouns,
und ich wäre dennoch arm.

Zahlreiche Orientreisende berichten über die hohe Wertschätzung, die besonders der innerarabische Beduine seinem Pferd entgegenbrachte. Er betrachtete es als Familienmitglied und als seinen wertvollsten Besitz. Neben dem materiellen Wert, den das Pferd für den Beduinen darstellte, war es in erster Linie für ihn ein unentbehrlicher Begleiter und Kampfgenosse, dem er im Notfall das Letzte abverlangte und auch erhielt.

An den Königshöfen des Altertums, bis hin in unsere Zeit, gehörte das Arabische Pferd zu den größten Kostbarkeiten. Selbst Kriegszüge wurden unternommen, um in den Besitz der Tiere zu gelangen.

Inzwischen ist viel Zeit vergangen und eine gewaltige Woge technischen Fortschritts ist über uns hinweggerollt. Ob jedoch all die technischen Errungenschaften der letzten 100 Jahre das Leben der Menschen lebenswerter gemacht haben, daran wird immer mehr gezweifelt. In den meisten sogenannten hochzivilisierten Ländern der Erde wurde die Natur rücksichtslos zurückgedrängt, zahlreiche Tierarten sind für alle Zeiten ausgestorben oder vom Aussterben bedroht. Eines dieser Opfer, das uns die Technisierung gekostet hat, ist das Pferd, und ganz besonders das Arabische Vollblutpferd, wie es über Jahrtausende hinweg von den Beduinen in höchster Vollendung gezüchtet wurde. Durch die härtesten Haltungs- und Umweltbedingungen, die man sich denken kann, selektiert, entstanden Pferde, die Leistungen vollbrachten, welche heute kaum mehr glaubhaft erscheinen. Dazu kommt der hohe Intelligenz- und Domestikationsgrad, den sich diese Tiere durch das lange enge Zusammenleben mit den Menschen erworben haben. Eigenschaften, die sich in einem menschenfreundlichen Wesen widerspiegeln wie sonst bei keiner anderen Pferderasse.

Im Ursprungsgebiet des Arabischen Pferdes findet man nur noch vereinzelt eine geordnete Pferdezucht, während zahlreiche Züchter in Europa und Amerika versuchen, bei unterschiedlichen Vorstellungen über den Typ des ursprünglichen Araberpferdes, die Zucht fortzusetzen. Jedoch allein die veränderten Haltungs- und Klimabedingungen führen zwangsläufig zu verschiedenen Typen, wie auch

ein wechselnder modischer Geschmack die Zucht beeinflußt. Der Araber-Züchter von heute dürfte am besten beraten sein, wenn er sich an dem Typ des Arabischen Pferdes orientiert, wie er in alten Gemälden, Stichen und Beschreibungen dargestellt ist.
Um den in diesem Buch verwendeten Begriff „Originalaraber" zu erläutern, sei darauf hingewiesen, daß es sich hierbei in der Regel um Pferde aus ägyptischer Zucht handelt.
Als einziges Bundesland in Deutschland unterhält das Land Baden-Württemberg im Haupt- und Landgestüt Marbach a. d. Lauter eine in der ganzen Welt bekannte Vollblutaraberzucht. Mit den Originalaraberhengsten Hadban Enzahi und Gharib setzte Marbach nach dem Krieg die Tradition der Weiler Vollblutaraberzucht fort, durch den Erwerb von Hengsten in Ägypten für Blutauffrischung der Araberherde beizutragen.
Auch die Anzahl privater Züchter für Arabisches Vollblut hat in den letzten Jahren stetig zugenommen, wobei auch hier die Zucht durch den Einsatz von Original-Araberhengsten und -stuten verbessert wurde. Der bekannteste Hengst aus privater Zucht war sicherlich der ebenfalls aus El Zahraa stammende Schimmelhengst Ghazal, zuletzt im Besitz von Herrn Karl-Heinz Dömken. Ghazal ist der Vater des Hengstes Saher, der als Titelbild dieses Buches erscheint.
Für die Zukunft des Arabischen Vollblutpferdes besteht die Hoffnung, daß es immer Menschen geben wird, deren Liebe zu diesen herrlichen Geschöpfen unserer Natur größer ist als Materialismus oder sportlicher Ehrgeiz. Vielleicht kann gerade das Araberpferd dem steigenden Bedürfnis vieler Menschen nach einem Stück unverfälschter Natur in hohem Maße entgegenkommen.
Die nachfolgenden Bilder sollen keinen Querschnitt durch die deutsche Araberzucht darstellen, sondern dem Pferdeliebhaber, der sich an der Schönheit eines edlen Pferdes zu erfreuen vermag, zeigen, welche „Schätze" in unseren Ställen noch verborgen sind.
Zum Schluß darf ich Alexis von Wrangel aus seinem im E. Hoffmann-Verlag erschienenen Buch „Der Araber in Arabien" zitieren:

. . . . So Gott will — „Inschallah", wie die Araber sagen —
wird das Arabische Pferd weiterleben,
seinem Schöpfer und den Menschen zur Freude.

Schondorf, Januar 1975

Dawa →

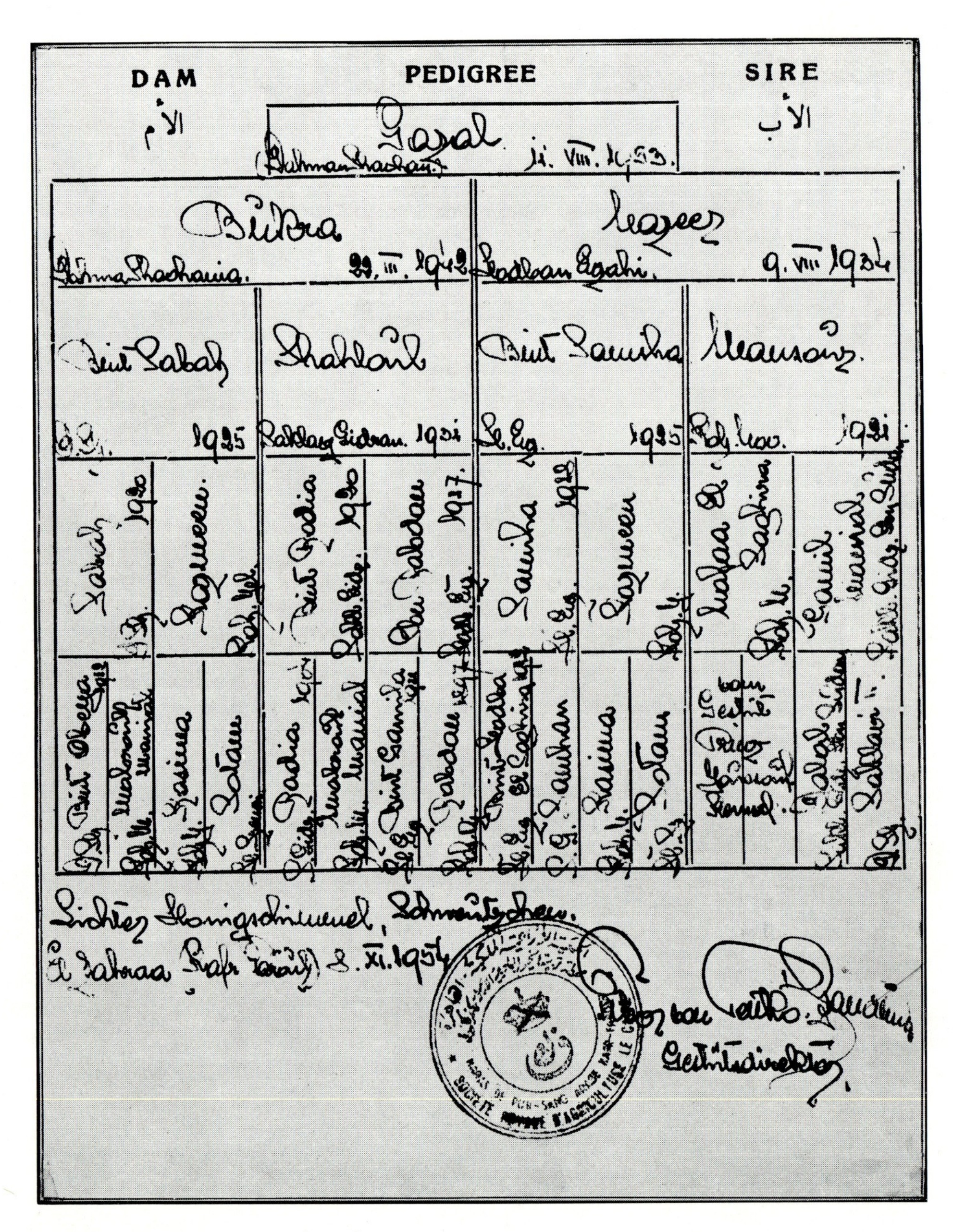

DAM — الأم

PEDIGREE

SIRE — الأب

Gazal (Rahman Shahan) 12. VIII. 1953.

DAM	SIRE
Bukra — Samma Shahania 22. III. 1942	Nazeer — Hadban Enzahi 9. VIII 1934

Bint Sabah — 1925	Shahloul — Rabdan Sidran 1931	Bint Samiha — Sh. Eg. 1925	Mansour — Rab. Wad. 1921

El Zahraa Kafr Farouk 8. XI. 1954

Gestütsdirektor

Pedigree des Hengstes *Ghazal*

Ghazal →

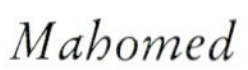

Mahomed

Afifa mit
Stutfohlen *Ghazala*
v. Ghazal →

Hamdi →

Stutenkoppel in Marbach

Koheilah

Dawa →

Stutenherde im Vollblutarabergestüt *Olms*

Sharaf →

Stuten mit Fohlen in Marbach

Dariah →

Stuten des Vollblutarabergestüts *Dömken*

Kaisoon

Nabuch →

Shaker El Masri

Estopa

Stutfohlen in Marbach →

Hadban Enzahi →

Originalaraberhengst *Mehiar Ibn Alaa El Din*

Dariah

Marbacher Mutterstute →

Dawa →

Sharaf

Salon →

Dawa

Sharaf mit seiner Halbschwester *Dariah*

Zomorroda →

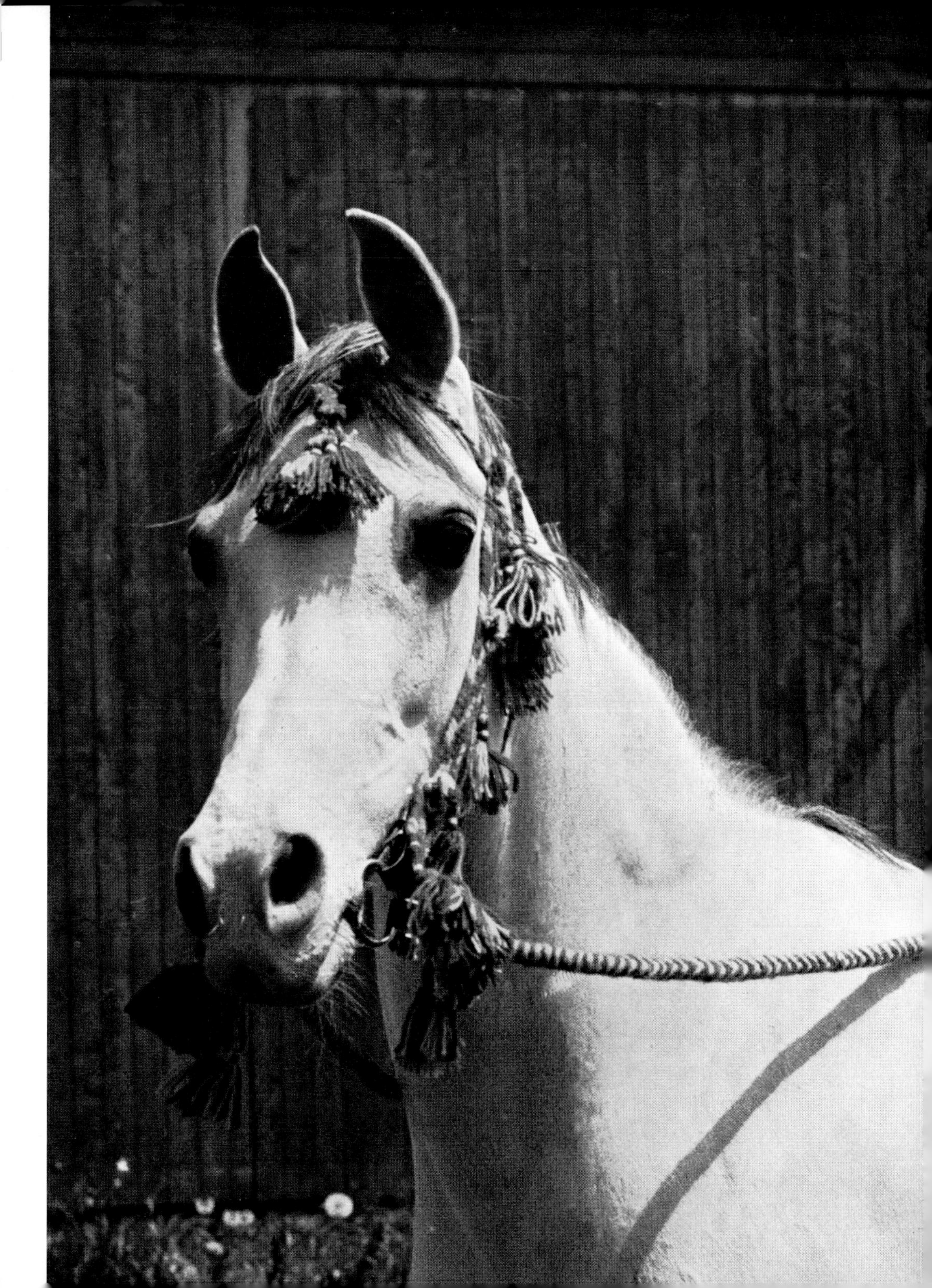

Maisuna →

Junghengste in Marbach

Dawa mit Hengstfohlen *Dareios*

Nazir →

Marbacher Fohlen →

Neshar

Wisznu →

Foze

Ghazal

Shaker El Masri →

Wafaa

Marbacher Fohlen →

Estopa →

Afifa mit Stutfohlen *Ghazala*

Gazal →

Ibn Mahasin

46

Kilimandscharo

Dawa

Jungstuten in
Marbach
(St. Johann)

Hengstfohlen in Marbach

Zu den Bildern

Titelbild Vollblutaraberhengst *Saher* (Ghazal/Sahmet)
geb. 24. 6. 1967 in Marbach

Wegen seiner hervorragenden Abstammung, er führt zweimal den berühmten ägyptischen Hengst *Nazeer* in seinem Stammbaum, wurde *Saher* als Deckhengst in Marbach aufgestellt.
Seine Nachkommen zeichnen sich durch große Korrektheit und viel Adel aus.
Saher wurde Siegerhengst bei der internationalen Schau arabischer Pferde 1973 in Verden/Aller.

Züchter und Eigentümer: Haupt- und Landgestüt Marbach a. d. Lauter

Seite 5 Vollblutaraberstute *Dawa* (Karmin/Hamdi)
geb. 21. 3. 1965 in Marbach

Dawas Vater *Karmin* war mehrfach Sieger bei wichtigen Araberrennen auf der Warschauer Rennbahn.
Ihre Mutter *Hamdi* hat in Marbach bisher 14 Fohlen zur Welt gebracht.
Dawa selbst hatte bis heute 6 Fohlen, davon 3 gekörte Hengste.

Züchter: Haupt- und Landgestüt Marbach a. d. Lauter
Eigentümer: Renate Chmelik, Schondorf am Ammersee

Seite 6 Pedigree des Originalaraberhengstes *Ghazal.* Es ist unterschrieben vom damaligen Leiter des ägyptischen Gestüts *El Zahraa*, Tibor von Pettkö-Szandtner, der vor dem Krieg Leiter des ungarischen Arabergestüts *Babolna* war.

Seite 7 Originalaraberhengst *Ghazal* (Nazeer/Boukra)
geb. 11. 8. 1953 in El Zahraa/Ägypten
verunglückte am 30. 5. 1972 in Brelingen tödlich.

Wer *Ghazal* erlebt hat wird ihn nicht vergessen. Wenn der Begriff Märchenpferd auf ein Pferd zutrifft, dann auf diesen Hengst aus dem weltberühmten ägyptischen Gestüt *El Zahraa.* Hier wurde er 1955 vom Fürst zu Inn- und Knyphausen-Lütetsburg erworben.
Ghazal deckte 1965—1967 in Marbach und kam 1967 in den Besitz von Carl-Heinz Dömken, Meitze.
Ghazals Vater *Nazeer* wird als einer der bedeutendsten Vererber der letzten Jahrzehnte angesehen.

Ghazal hat eine Anzahl bester Hengste und Stuten hinterlassen, darunter auch den Hengst *Saher,* der als Titelbild dieses Buches erscheint.

Züchter: The Egyptian Agricultural Society, El Zahraa bei Kairo
letzter Eigentümer: Carl-Heinz Dömken, Brelingen-Ohlenbostel

Seite 8 Vollblutaraberhengst *Mahomed* (Hadban Enzahi/Malikah) geb. 26. 5. 1968

Über seinen Vater *Hadban Enzahi* und seinen Großvater *Ghazal* führt *Mahomed* das Blut des ägyptischen Hengstes *Nazeer.*
Mahomed bestätigt das Zuchtprinzip der Beduinen, Inzucht auf bewährte Vorfahren zu betreiben.

Züchter: Dr. Filsinger, Graben
Eigentümer: Constance Dömken, Brelingen-Ohlenbostel

Seite 9 Originalaraberstute *Afifa* (Morafic/Hemmat) mit Stutfohlen *Ghazala v. Ghazal*

1971 gelang es Hr. Dömken, die am 22. 9. 1963 im ägyptischen Staatsgestüt geborene *Afifa,* eine Tochter des herrlichen Hengstes *Morafic,* in Ägypten zu erwerben. Es war ein großer Glücksfall, daß *Afifa* noch von *Ghazal* gedeckt werden konnte, bevor dieser tödlich verunglückte. Das Ergebnis der Verbindung ist die am 18. 3. 1973 geborene *Ghazala,* die auf dem Bild etwa 4 Wochen alt ist.

Züchter von *Afifa:* The Egyptian Agricultural Society, El Zahraa bei Kairo
Eigentümer von Mutter und Tochter: Constance Dömken, Brelingen-Ohlenbostel

Seite 10 Dieses Buch enthält auf mehreren Seiten Aufnahmen aus dem Haupt- und Landgestüt *Marbach* a. d. Lauter. Dazu einige Erläuterungen.

Für die deutsche Araberzucht erlangte dieses Gestüt seine Bedeutung als, durch die wirtschaftlichen Verhältnisse in den 30er Jahren dieses Jahrhunderts bedingt, die seit 1817 bestehende Vollblutaraberzucht der württembergischen Könige in *Weil* bei Stuttgart nicht mehr weitergeführt werden konnte.
Es ist dem Lande Württemberg zu danken, daß es sich trotz der damaligen Wirtschaftskrise entschloß, die gesamte Vollblutaraberzucht Weils in seine Obhut zu nehmen. 17 Pferde, Nachkommen berühmter Ahnen, fanden so in dem ehrwürdigen Haupt- und Landgestüt Marbach

auf den Höhen der Schwäbischen Alb eine neue Heimat. Mit der Tat wurde die älteste und kostbarste Zucht des arabischen Vollblutpferdes in Deutschland gerettet. Die Bedeutung wird heute immer mehr sichtbar, nachdem es schwierig geworden ist wirklich gute Pferde aus dem Ursprungsland bzw. aus Ägypten zu bekommen.

Seite 11 Vollblutaraberstute *Hamdi* (Halef/Jadine)
geb. 22. 4. 1955 in Marbach

Eine der besten Mutterstuten der Marbacher Herde. Hamdi brachte bisher 14 Fohlen zur Welt, darunter mehrere spätere Deckhengste.
Wie sie selbst zeichnen sich ihre Kinder durch viel Gangvermögen aus.

Züchter und Eigentümer: Haupt- und Landgestüt Marbach

Seite 12 Vollblutaraberstute *Koheilah* (Wisznu/Comtesse)
geb. 25. 5. 1960

Koheilah ist eine bewährte Mutterstute des Vollblutarabergestüts Eifgenthal. Ihr Vater ist der typvolle polnische Hengst *Wisznu* (siehe Seite 43)

Züchter: Gertraude Griesbach, Gestüt Achental
Eigentümer: Rudolf-Armin Schober, Hilgen, Gestüt Eifgenthal

Seite 13 siehe Erläuterung Seite 5

Seite 14 Stuten des Vollblutarabergestüts *Olms*.

Die Blutführung geht auf Importe aus Ägypten und den USA zurück, wobei auch in Deutschland befindliche Originalaraberhengste eingesetzt werden.

Seite 15 Vollblutaraberhengst *Sharaf* (Hadban Enzahi/Hathor)
geb. 27. 4. 1964 in Marbach

Seine Kindheit und Jugend verbrachte *Sharaf* auf den weiten Hängen der Marbacher Koppeln.
Von seinem Vater *Hadban Enzahi* hat er den menschenfreundlichen Charakter, von seiner Mutter, der nach einer Geburt eingegangenen *Hathor* (Halef-Jatta), die guten Gänge geerbt.
Sharaf hat sich inzwischen auch in der Zucht bestens bewährt.

Züchter: Haupt- und Landgestüt Marbach
Eigentümer: P. Chmelik, Schondorf am Ammersee

Seite 16 Originalaraberhengst *Gharib* (Anter/Souhair)
geb. 1. 4. 1965 in El Zahraa

Da *Hadban Enzahi* sich dem Ende seines Lebens näherte, wurde es für Marbach Zeit, sich um einen Nachfolger zu bemühen. Getreu der Tradition kam nur ein Hengst aus Ägypten in Frage, der außerdem auch Blutanschluß an die bestehende Marbacher Herde haben sollte. Der damalige Landesoberstallmeister Marbachs, Herr Dr. *G. Wenzler*, fand ihn nach langem Suchen und zähen Verhandlungen mit den ägyptischen Behörden 1970 in dem Rapphengst *Gharib.* Sein Vater *Anter* ist einer der bekanntesten heute noch lebenden Zuchthengste in Ägypten. Seinen Nachkommen vererbt *Gharib* ein überragendes Gangvermögen. Er wird auch mit Erfolg in der Warmblutzucht zur Veredelung eingesetzt.

Züchter: The Egyptian Agricultural Society, El Zahraa bei Kairo
Eigentümer: Haupt- und Landgestüt Marbach

Seite 17 Originalaraberhengst *Hadban Enzahi* (Nazeer/Kamla)
geb. 15. 8. 1952 in Ein Shams, Ägypten

Nachdem der Fortbestand der Marbacher Vollblutaraberzucht nach dem Kriege stark gefährdet war, gelang es endlich im Jahre 1955 den Nazeersohn *Hadban Enzahi* in Ägypten zu erwerben. Mit diesem Hengst begann für die Vollblutaraberzucht eine neue Blütezeit, und es ist sicherlich mit ein Verdienst *Hadbans,* daß Vollblutaraber aus Marbach heute in aller Welt bekannt und begehrt sind. *Hadban Enzahi* hat in Marbach eine der besten Stutenherden arabischen Vollbluts geschaffen die es heute noch gibt.
Selbst jetzt, in einem Alter von 23 Jahren, ist seine Bedeutung für die Vollblutaraberzucht in Deutschland ungebrochen.

Züchter: The Egyptian Agricultural Society, El Zahraa bei Kairo
Eigentümer: Haupt- und Landgestüt Marbach

Seite 18 siehe Erläuterung Seite 10

Seite 19 Vollblutaraberstute *Dariah* (Hadban Enzahi/Dawa)
geb. 24. 2. 1973 in Schondorf

Geglückte Verbindung ägyptischer *(Hadban Enzahi)* und polnischer *(Dawa)* Blutlinien.

Züchter und Eigentümer: Renate Chmelik, Schondorf am Ammersee

Seite 20 Stuten des Vollblutarabergestüts Dömken, Brelingen-Ohlenbostel

Seite 21 Originalaraberhengst *Kaisoon* (Nazeer/Bint Kateefa)
geb. 1958 in El Zahraa

Neben *Hadban Enzahi* und *Ghazal* ist *Kaisoon* der dritte Hengst, der den berühmten ägyptischen *Nazer* zum Vater hat.

Kaisoon kam 1963 als Geschenk des damaligen ägyptischen Präsidenten *Nasser* an die Stadt Duisburg nach Deutschland.

Kaisoon wurde in den letzten Jahren verstärkt in der privaten deutschen Vollblutaraberzucht verwendet; er übt hier nach dem Tode *Ghazals* einen starken Einfluß aus und hat sich bestens bewährt.

Züchter: The Egyptian Agricultural Society, El Zahraa bei Kairo
Eigentümer: Zoo Duisburg

Seite 22 Originalaraberhengst *Shaker El Masri* (Morafic/Zebeda)
geb. 1963 in El Zahraa/Ägypten

Mit dem im trockenen Wüstentyp stehenden Fuchshengst *Shaker El Masri* brachten H. R. und S. Merz 1971 einen der wenigen in Privatbesitz befindlichen ägyptischen Hengste nach Deutschland.

Shaker El Masri ist ein sehr eleganter Hengst, der besonders durch seinen herrlichen Kopf begeistert.

Seine Nachzucht wurde bereits in eine Anzahl Länder ausgeführt.

Züchter: The Egyptian Agricultural Society, El Zahraa bei Kairo
Eigentümer: H. R. und S. Merz, Vollblutarabergestüt OM EL ARAB, Lauterbach

Seite 23 Vollblutaraberhengst *Nabuch* (Daikir/Nadja)
geb. 6. 2. 1964 in Marbach

Bei den Marbacher Hengstparaden imponiert dieser Hengst durch sein enormes Gangvermögen.

Seine Mutter ist die Originalaraberstute *Nadja* (Nazeer/Nefisa)

Züchter und Eigentümer: Haupt- und Landgestüt Marbach

Seite 24 Vollblutaraberstute *Estopa* (Tabal/Uyaima)
geb. 1965 in Ecija/Spanien

Die bezaubernde Stute kam 1970 von Spanien nach Deutschland und gehört zu den besten Mutterstuten des Vollblutarabergestüts OM EL ARAB.

Züchter: D. Miguel Osuna Escalera, Ecija/Spanien
Eigentümer: Siegrid Merz, Vollblutarabergestüt OM EL ARAB, Lauterbach

Seite 25 Siehe Erläuterung Seite 10

Seite 26 Originalaraberhengst *Mehiar Ibn El Din* (Alaa El Din/Mohga)
geb. 1970 in El Zahraa/Ägypten

Zu seinen Ahnen gehören berühmte Hengste der ägyptischen Zucht wie *Nazeer, Alaa El Din, Shaloul* und *Sheik El Arab.*

Züchter: The Egyptian Agricultural Society, El Zahraa bei Kairo
Eigentümer: H. R. und S. Merz, Vollblutarabergestüt OM EL ARAB, Lauterbach

Seite 27 Siehe Erläuterung Seite 17

Seite 28 Siehe Erläuterung Seite 19

Seite 29 Siehe Erläuterung Seite 10

Seite 30 Siehe Erläuterung Seite 15

Seite 31 Siehe Erläuterung Seite 5

Seite 32 Siehe Erläuterung Seite 5

Seite 33 Vollblutaraberhengst *Salon* (Negativ/Sonata)
geb. 27. 4. 1959 in der UdSSR

Seit 1971 in Deutschland, war *Salon* von 1963 bis 1971 Hauptbeschäler im russischen Staatsgestüt Tersk/Kaukasus.

Züchter: Staatsgestüt Tersk/UdSSR
Eigentümer: Waldemar Zeitelhack, Nürnberg

Seite 34 Siehe Erläuterung Seite 15 u. S. 19

Seite 35 Araberstute *Zomorroda* (Hicham/Shahira)
geb. 1963 im Libanon

Aus der libanesischen Araberzucht stammende Stute.

Eigentümer: Rudolf Lampertsdörfer, München

Seite 36 Siehe Erläuterung Seite 10

Seite 37 Vollblutaraberstutfohlen *Maisuna* (Hadban Enzahi/Molesta)
geb. 5. 2. 1974 in Marbach

Höchster Adel durch enge Inzucht auf den ägyptischen Hengst *Nazeer.*

Züchter: Haupt- und Landgestüt Marbach
Eigentümer: H. N. Maltz, Brand bei Forstern

Seite 38 Vollblutaraberstute *Dawa* (Erläuterung Seite 5) mit Hengstfohlen *Dareios* v. Sharaf
geb. 14. 3. 1974 in Schondorf
Züchter: Renate Chmelik, Schondorf
Eigentümer: Hans Jung, Rennertshofen

Seite 39 Vollblutaraberhengst *Nazir* (Nizar/Sachara)
geb. 11. 5. 1964
Ein Gammler auf diesem Bild — sonst ein Prunkstück der Dömken-Hengste.
Züchter: Friedrich Hagemann, Westercelle
Eigentümer: Constanze Dömken, Brelingen-Ohlenbostel

Seite 40 Araberhengst *Neshar* (Sharaf/Nephele)
geb. 17. 3. 1974 in Schondorf
Züchter: Renate Chmelik, Schondorf
Eigentümer: Lupe Draga, München

Seite 41 Siehe Erläuterung Seite 10

Seite 42 Originalaraberstute *Foze* (Nazeer/Fathia)
geb. 5. 1. 1959 in El Zahraa/Ägypten
Die herrliche ägyptische Stute kam 1971 nach Deutschland. Durch ihren Vater *Nazeer* ist sie eine Halbschwester zu den Hengsten *Hadban Enzahi*, *Ghazal* und *Kaisoon*.
Züchter: The Egyptian Agricultural Society, El Zahraa bei Kairo
Eigentümer: Waldemar Zeitelhack, Nürnberg

Seite 43 Vollblutaraberhengst *Wisznu* (Witez II/Malaga) †
geb. 1943 in Mlynow-Olyka (Polen)
Der braune Hengst *Wisznu* mußte als Jährling aus Polen nach Deutschland fliehen und gehörte bis zu seinem Tode zu den bedeutendsten Hengsten der privaten deutschen Vollblutaraberzucht.
Letzter Eigentümer: Gertraude Griesbach, Gestüt Achental

Seite 44 Siehe Erläuterung Seite 7

Seite 45 Siehe Erläuterung Seite 22

Seite 46 Originalaraberstute *Wafaa* (Shahriar/Korina)
geb. 13. 3. 1968 in El Zahraa

Wafaa ist eine Tochter von *Shahriar*, der unter dem Namen *Nasralla* auf der Kairoer Rennbahn einen Sieg nach dem anderen holte, und eine Enkelin von *Balance*, dem schnellsten Araber der 30er Jahre.

Züchter: The Egyptian Agricultural Society, El Zahraa bei Kairo
Eigentümer: Walter Olms, Treis

Seite 47 Siehe Erläuterung Seite 10

Seite 48 Siehe Erläuterung Seite 9

Seite 49 Siehe Erläuterung Seite 24

Seite 50 Vollblutaraberhengst *Ibn Mahasin* (Mahasin/Ibn Fakri)
geb. 4. 10. 1965 im Hamdan-Gestüt Kairo

Ein bezaubernder Fuchshengst mit eleganten Bewegungen.

Züchter: Hamdan-Gestüt, Kairo
Eigentümer: Waldemar Zeitelhack, Nürnberg

Seite 51 Araberhengst *Gazal* (Gazal VII/205/Kuhaylan Zaid)
geb. 18. 4. 1956

Ein Hengst aus der Zucht des ungarischen Gestüts *Babolua.*

Züchter: Ungarisches Staatsgestüt Babolua
Eigentümer: Nutens Smidt, Middelstewehr

Seite 52 Vollblutaraberhengst *Kilimandscharo* (Aswan/Karta)
geb. 1968 in Tersk/UdSSR

Kilimandscharo ist ein Sohn des im Staatsgestüt *Tersk*/Kaukasus stehenden Originalaraberhengstes *Aswan* (Nazeer/Yosreia)
Er kam 1970 nach Deutschland und hat sich hier gut in der Zucht bewährt.

Züchter: Staatsgestüt Tersk/UdSSR
Eigentümer: Henry Garde, Lohmar

Seite 53 Siehe Erläuterung Seite 5

Seite 54 Siehe Erläuterung Seite 10

Seite 55 Zum Abschluß noch 3 „Schätzchen“ aus Marbach